QUELQUES RÉFLEXION

SUR LA

GUERRE NAVALE

SINO-JAPONAISE

PAR

AUGUSTE HUET

INGÉNIEUR DE LA MARINE

BERGER-LEVRAULT ET Cie, ÉDITEURS

PARIS	NANCY
5, RUE DES BEAUX-ARTS	18, RUE DES GLACIS

1896

BIBLIOTHÈQUE DU MARIN

Service administratif à bord des Navires de l'État. *Manuel du commandant-comptable et de l'officier d'administration,* par C. NEVEU et A. JOUAN, commissaires de la marine. 2e édition, mise à jour jusqu'au n° 26 du *Bulletin officiel* de 1895. Un volume grand in-8° de 600 pages . . . . **10 fr.**
Relié en percaline. . . . . **11 fr. 50 c.**
   (Ouvrage rendu réglementaire à bord des navires de l'État et adopté pour les bibliothèques des divisions.)

Théorie du Navire, par E. GUYOU, capitaine de frégate, membre de l'Institut. Suivie d'un Traité des évolutions et allures par le contre-amiral MOTTEZ. 2e édition. 1894. Un volume in-8° de 440 pages, avec 150 figures . . . . **7 fr. 50 c.**
   (Ouvrage couronné par l'Académie des Sciences.)

Cours élémentaire d'Astronomie, par E. GUYOU, capitaine de frégate, membre de l'Institut, et WILLOTTE, ingénieur des ponts et chaussées. Un volume in-8°, avec 170 figures dans le texte et 2 planches. **10 fr.**

Éléments de Navigation et de Calcul nautique, précédés de notions d'astronomie, par J.-B. GUILHAUMON, ancien officier de vaisseau, professeur d'hydrographie. 1re partie : *Astronomie et navigation,* in-8°. 2e partie : *Types de calculs nautiques,* in-4°. Ensemble 2 volumes, avec 145 gravures et 2 planches. . . . . **12 fr.**

Traité d'Artillerie, à l'usage des officiers de marine, par E. NICOL, lieutenant de vaisseau. Un volume in-8° de 336 pages, avec 86 figures . . . . **6 fr.**

Éléments de Météorologie nautique, par J. DE SUGNY, lieutenant de vaisseau, membre de la Société météorologique de France. Un volume in-8° de 500 pages, avec 57 figures et planches. . . . . **6 fr.**

Précis du Droit maritime international et de Diplomatie, d'après les documents les plus récents, par A. LE MOINE, capitaine de vaisseau, licencié en droit. Un volume in-8° de 360 pages. . . . . **6 fr.**

Histoire des Flottes militaires, par Ch. CHABAUD-ARNAULT, capitaine de frégate de réserve. Un volume in-8° de 512 pages avec 10 plans de batailles . . . . . **6 fr.**
   (Ouvrage adopté par l'École navale.)

Cours élémentaire d'Électricité pratique, par H. LEBLOND, professeur d'électricité à l'École des officiers torpilleurs. 1894. Un volume in-8° de 455 pages, avec 164 figures, broché. . . . . **7 fr.**

Électricité expérimentale et pratique. Cours professé à l'École des officiers torpilleurs, par H. LEBLOND, agrégé des sciences physiques, ancien élève de l'École normale supérieure. 2e édition. 1894-1895. 4 volumes in-8°.
   TOME I. — ÉTUDE GÉNÉRALE DES PHÉNOMÈNES ÉLECTRIQUES ET DES LOIS QUI LES RÉGISSENT. Un volume in-8° de 293 pages, avec 84 figures et 3 planches . . . . **6 fr.**
   TOME II. — MESURES ÉLECTRIQUES. Un volume in-8° de 273 pages, avec 95 fig. **6 fr.**
   TOME III. — DESCRIPTION ET EMPLOI DU MATÉRIEL ÉLECTRIQUE A BORD DES NAVIRES.
     1er fascicule. — Un volume in-8° de 300 pages, avec 119 figures. . . . . . . **6 fr.**
     2e fascicule. — Un volume in-8° de 468 pages, avec 112 figures . . . . **8 fr.**

Les Moteurs électriques à courant continu, par le même. Un volume in-8° de 500 pages, avec 120 figures . . . . **10 fr.**

Torpilles et Torpilleurs des nations étrangères, suivis d'un *Atlas des flottes étrangères,* par H. BUCHARD, lieutenant de vaisseau. Un volume in-8° de 254 pages et 114 planches. . . . . **6 fr.**

Marines étrangères. Situation. Budget. Organisation. Matériel. Personnel. Troupes. Défenses sous-marines. Armement. Défenses du littoral. Marine marchande (*Allemagne, Angleterre, République Argentine, Autriche-Hongrie, Brésil, Bulgarie, Chili, Chine, Danemark, Espagne, États-Unis, Grèce, Hollande, Italie, Japon, Norvège, Portugal, Roumanie, Russie, Suède, Turquie*), par H. BUCHARD. Ouvrage contenant 30 planches d'uniformes et d'insignes. Un volume in-8° de 636 pages . . . . **10 fr.**

QUELQUES RÉFLEXIONS

SUR LA

GUERRE NAVALE

SINO-JAPONAISE

PAR

AUGUSTE HUET

INGÉNIEUR DE LA MARINE

BERGER-LEVRAULT ET Cᵗᵉ, ÉDITEURS

PARIS | NANCY
5, RUE DES BEAUX-ARTS | 18, RUE DES GLACIS

1896

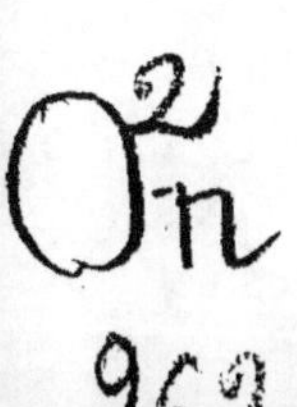

QUELQUES RÉFLEXIONS

SUR

LA GUERRE NAVALE

SINO-JAPONAISE

Les événements de la guerre navale entre la Chine et le Japon ont été bien des fois déjà décrits et commentés. On a fait ressortir l'importance capitale de la vitesse, le rôle décisif de l'artillerie et le peu de résultats produits par la torpille ou l'éperon. Mais la matière est loin d'être épuisée, et l'on peut encore tirer de ces événements si récents bien des enseignements utiles.

CONSÉQUENCES PRINCIPALES

Négligeant d'abord les points secondaires, il convient de résumer et de comparer méthodiquement les causes qui ont mis hors de combat une partie des bâtiments engagés. Car, ce sont ces causes qui ont en définitive décidé la victoire.

Cette comparaison a été bornée aux premiers temps de la guerre et à la bataille du Yalu. Après cette date, en effet, la flotte chinoise s'est contentée de coopérer à la défense des arsenaux et n'a plus joué qu'un rôle tout à fait secondaire.

Le récit pris pour base de cette étude est le compte rendu, très intéressant, de la guerre sino-japonaise publié par M. Laird Clowes dans le *Naval Annual* de lord Brassey[1]. On pourra peut-être y relever quelques oublis, comme celui de l'intervention de M. le directeur des constructions navales Bertin dans la construction de la flotte japonaise. Mais c'est en somme cette relation qui paraît résumer de la manière la plus impartiale et la plus consciencieuse les renseignements connus.

En la relisant, on reconnaît que les causes qui ont mis certains bâtiments engagés hors de combat, au moins momentanément, sont les suivantes : 1° effets de l'artillerie ; 2° effets des torpilles ; 3° effets de l'éperon. Elles vont être examinées successivement.

I. — EFFETS DE L'ARTILLERIE

A la bataille du Yalu et au combat du 25 juillet, les effets décisifs produits par l'artillerie ont été dus soit aux incendies allumés par les obus, soit aux coups portés à la flottaison, soit enfin à la destruction des appareils à gouverner. La mise hors de service de certains canons ne paraît pas avoir suffi pour obliger un bâtiment à se retirer du combat.

Incendies. — Les navires incendiés ont été très nombreux.

A la bataille du Yalu, on compte :

Le *King Yuen* (incendié par les obus, il se retire du combat, est poursuivi par l'escadre légère japonaise et coule peu après par l'arrière) ;

Le *Chao Yung* (incendié, il se retire du combat et est coulé par un coup d'éperon involontaire du *Tsi Yuen*) ;

Le *Kuang Chia* (incendié, il se retire du combat ; d'après les Chinois, ce bâtiment n'avait pas de dommages sérieux) ;

Le *Lay Yuen* (incendié au moment de prendre l'*Akagi*, il est obligé de se retirer du combat) ;

Le *Ting Yuen* (incendié à l'avant, il continue à combattre) ;

Le *Matsushima* (incendié par l'obus de 30 cm qui a éclaté dans sa batterie avant, il est obligé de se retirer du combat) ;

Le *Hi Yei* (incendié, il est obligé de se retirer du combat).

Au combat du 25 juillet, il ne s'est pas déclaré d'incendie sérieux ; mais à la bataille du Yalu, en écartant le *Kuang Chia* que les Chinois déclarent avoir quitté le combat sans avaries notables, on trouve 6 bâtiments incendiés (4 chinois et 2 japonais). De ces 6 bâtiments, un seul, le *Ting Yuen,* a pu continuer à combattre sans interruption.

Coups à la flottaison. — Les coups à la flottaison n'ont pas toujours été décisifs. Le *Naniwa* fut atteint à la flottaison par un obus qui paraît avoir éclaté dans une soute à charbon sans causer de grands dégâts.

En revanche, le *Chih Yuen* et le *King Yuen* ont été coulés à coups de canon, à moins qu'on n'admette que le premier a été coulé par l'explosion d'une de ses propres torpilles.

Appareils à gouverner. — Au combat du 25 juillet, le *Tsi Yuen* a le manipulateur de sa machine à vapeur à gouverner démoli dès les premiers coups. Presque aussitôt, le tuyau de vapeur de cette machine est coupé. Le bâtiment reste incapable de manœuvrer jusqu'à ce qu'on ait pu mettre en place des palans pour gouverner à bras.

A la bataille du Yalu, le *Sai Kio* a eu son appareil à gouverner détruit par un obus. Il a fait quelques tentatives infructueuses pour gouverner d'abord avec ses hélices, puis avec des palans. Cette avarie l'a finalement obligé à se retirer du combat.

Tourelles et canons. — Au combat du 25 juillet, le *Tsi Yuen* eut sa tourelle avant pénétrée par deux obus dont l'un n'éclata pas. Les 2 canons restèrent intacts ; le monte-charges d'un des canons fut seul paralysé. L'autre pièce continua à tirer et la première aurait pu être chargée à bras, mais les Chinois n'y pensèrent pas.

A la bataille du Yalu, le *Chen Yuen* eut l'appareil hydraulique de l'un de ses canons mis en pièces ; enfin, le *Tsi Yuen* aurait eu une de ses grosses pièces mise hors de service. Ce bâtiment est le seul qui pourrait peut-être être considéré comme s'étant retiré du combat à cause d'avaries à ses canons. Mais cette manière de voir n'a pas été admise par le gouvernement chinois.

Conclusions relatives à l'artillerie. — Les effets décisifs obtenus par l'artillerie ont été dus, le plus souvent, aux incendies allumés par les obus. Sur 6 bâtiments incendiés, 5, dont 2 japonais, ont été obligés de se retirer du combat. On ne saurait donc proscrire trop rigoureusement des parties non protégées toutes les matières inflammables : bois, tentures, etc. Il y aurait grand intérêt à employer des meubles métalliques comme l'avait autrefois proposé M. le directeur des constructions navales Huin. Il ne serait probablement pas impossible d'arriver à un résultat satisfaisant en utilisant l'aluminium et l'amiante pour les meubles indispensables. On se débarrasserait de tous les autres en temps de guerre, ainsi que des tentures. Enfin, au moment du branle-bas de combat, on descendrait sous le pont cuirassé les hamacs, les vêtements et la literie. Il serait nécessaire de prévoir des soutes à cet effet.

Il convient aussi de ne pas se faire illusion sur le rôle que pourraient jouer dans un combat les anciens navires en bois et les paquebots transformés en croiseurs auxiliaires. L'incendie en aurait bientôt raison.

Après l'incendie, il faut redouter d'abord les projectiles à la flottaison qui ont coulé 2 bâtiments chinois et ensuite la destruction des appareils à gouverner. Toutefois, sur ce dernier point, on doit reconnaître que le danger de voir l'appareil à gouverner paralysé est très faible sur les bâtiments les plus récents. Ils ont toujours en effet leur servomoteur au-dessous du pont cuirassé et plusieurs manipulateurs éloignés les uns des autres pour commander le servo-moteur.

Contrairement à ce qu'on aurait supposé, les avaries des gros canons et de leurs appareils hydrauliques n'ont pas eu de conséquences décisives. Le *Tsi Yuen* seul paraît s'être retiré du combat à cause d'avaries de ce genre. Mais les Chinois ont estimé que c'était à tort et le commandant a été décapité.

Il est remarquable que deux projectiles aient pénétré dans une tourelle du *Tsi Yuen* sans qu'aucun des deux canons ait été désemparé. Il n'est donc pas aussi certain qu'on le supposait généralement qu'un seul projectile perforant le blindage d'une tourelle à 2 canons les mettra forcément tous deux hors de service.

II. — EFFETS DES TORPILLES.

Un assez grand nombre de torpilles ont été lancées pendant la première partie de la guerre sino-japonaise : 1 sur le *Kowshing*, 2 sur le *Hi Yei*, 3 sur le *Sai Kio*. Sur ces 6 torpilles une seule, la première, a touché le but. Et encore convient-il de n'en pas tenir compte, puisqu'elle a été tirée sur un paquebot mouillé qui n'avait pas de moyens de se défendre. Le succès de ce lancement ne prouve rien de plus qu'un lancement réussi sur une cible immobile.

Si les effets produits sur l'ennemi par les torpilles ont été nuls, en revanche, ces engins placés dans des postes de lancement non protégés constituaient un danger si évident que les Chinois s'en sont débarrassés précipitamment. Les Japonais n'ont même pas eu l'intention de s'en servir pendant le combat.

III. — EFFETS DE L'ÉPERON

Quelques bâtiments chinois paraissent avoir tenté d'employer l'éperon. Le *Hi Yei* se voyant menacé par l'éperon des bâtiments chinois, fut contraint d'abandonner son poste pour leur présenter l'avant et traversa leur ligne de bataille.

Le *Chih Yuen*, au moment où il fut atteint par les obus qui le coulèrent, tournait vers le *Yoshino* pour l'éperonner.

Un seul coup d'éperon fut donné, involontairement il est vrai, par le *Tsi Yuen*; il coula son camarade le *Chao Yung*.

Les Japonais ne firent aucune tentative pour se servir de l'éperon.

IV. — CONCLUSIONS.

Les événements de la guerre sino-japonaise confirment en somme des idées déjà émises bien des fois. C'est le canon qui décidera presque toujours de l'issue des batailles navales.

La torpille est une arme d'un emploi douteux et qui n'est pas sans danger pour les bâtiments qui la portent. Il conviendrait de la laisser uniquement aux bateaux torpilleurs.

L'éperon est toujours une arme terrible, mais qu'on trouvera bien rarement l'occasion d'employer contre l'ennemi.

CONSÉQUENCES SECONDAIRES

Outre ces conclusions principales, on peut tirer des événements de la guerre sino-japonaise un certain nombre de conséquences portant sur des points secondaires, ou plus contestables que celles qui regardent les effets de l'artillerie, des torpilles et de l'éperon.

Cuirasses. — Il est remarquable que le feu des bâtiments japonais concentré pendant plus de deux heures sur les 2 cuirassés ennemis n'ait pas pu les réduire. Cependant, 3 des bâtiments japonais portaient des canons de gros calibre, très capables de percer les cuirasses chinoises à la distance de combat, soit de 2 000 à 3 000 mètres. Ces 3 bâtiments sont : le *Matsushima*, l'*Itsukushima* et l'*Hashidate* qui étaient armés de canons Canet de 32 cm.

La ceinture des cuirassés chinois était formée de plaques de 35 cm et le blindage des tourelles de plaques de 30 cm.

Dans les expériences rapportées dans le numéro du *Génie civil* du 26 septembre 1891, les canons Canet de 32 cm avaient communiqué à des projectiles de 450 kg une vitesse initiale qui avait atteint jusqu'à 727 m avec une charge de 144 kg de poudre sans fumée.

Si, comme l'indique ce compte rendu, la vitesse initiale en service a été fixée à 700 m, la vitesse restante à 2 000 m était de 608 m environ et à 3 000 m de 566 m.

Avec ces vitesses le projectile aurait pu percer normalement des cuirasses de $0^m,60$ et $0^m,54$ d'acier à blindage ordinaire et s'il était arrivé sous l'incidence de 30°, il aurait encore pu traverser $0^m,48$ et $0^m,43$.

Il est réellement surprenant qu'aucun projectile n'ait percé soit les plaques de 35 cm de la flottaison, soit celles de 30 cm des tourelles.

Peut-être la vitesse initiale des canons Canet en service était-elle inférieure aux 700 m annoncés par le *Génie civil*. Mais il y a un écart si considérable entre la puissance des projectiles d'après les formules et la résistance des cuirasses chinoises que cette supposition ne donnerait pas une explication suffisante. Il est vrai qu'on ne trouve aucune indication au sujet du nombre de projectiles de 32 cm qui auraient touché les cuirasses. Quoi qu'il en soit, dans un combat, il faudrait s'attendre, pour obtenir des effets de perforation, à être obligé de se rapprocher à une distance notablement inférieure à celle qu'indiquent les tables de tir.

Ceintures cuirassées incomplètes. — Une autre conclusion qu'on peut tirer des péripéties de la bataille du Yalu, c'est qu'il n'est pas aussi certain qu'on l'admet généralement en France que les navires à ceinture cuirassée com-

plète soient supérieurs aux autres cuirassés. Le *Ting Yuen*
et le *Chen Yuen* sont des navires à citadelle dont l'extrémité avant n'est protégée que par un pont cuirassé situé à
la hauteur du can inférieur de la cuirasse.

Ils ont été soumis pendant plus de quatre heures à un
feu violent de toute une escadre armée de canons de gros
calibre et de canons à tir rapide. Leurs superstructures
ont été criblées. Il semble que dans ces conditions la tran-
che cellulaire qui surmonte le pont cuirassé de l'extrémité
avant aurait dû être gravement endommagée et envahie
par l'eau. Il aurait dû en résulter une surimmersion générale et un enfoncement de l'avant compromettant la sécu-
rité du navire et le mettant hors de combat. Il n'en a rien
été; on ne signale pas d'invasion de l'eau au-dessus du
pont blindé de l'extrémité avant et les 2 cuirassés ont
continué à naviguer et à combattre dans de bonnes conditions.

Ponts cuirassés. — On doit remarquer la protection
efficace donnée à l'appareil moteur et évaporatoire par les
ponts blindés même par ceux des bâtiments sans ceinture
cuirassée. Aucun des navires n'avait au retour du combat
ses machines ou ses chaudières endommagées sérieusement par le tir de l'ennemi.

Croiseurs et cuirassés. — Le fait qu'une flotte ne ren-
fermant que des croiseurs a pu vaincre une flotte renfer-
mant 2 cuirassés assez puissants et 2 petits ne prouve pas
du tout qu'il est inutile de construire des cuirassés. Car,
malgré leur organisation, leur entraînement et leur commandement bien supérieurs à ceux des Chinois, les Japonais ont dû finalement renoncer à réduire les 2 gros cuirassés ennemis. Si les Chinois avaient eu plus de cuirassés
et surtout s'ils avaient été mieux préparés à la guerre et
mieux commandés, rien ne prouve qu'ils n'auraient pas
réussi à chasser les Japonais du champ de bataille.

Tout ce qu'on peut conclure c'est qu'une escadre de
croiseurs bien entraînés, bien commandés et possédant un

grand avantage au point de vue de la vitesse peut au besoin combattre une escadre cuirassée. Mais il est probable qu'elle ne pourrait pas obtenir une victoire décisive si elle n'était pas rejointe par ses cuirassés qui achèveraient l'ennemi. En revanche, elle pourrait bien essuyer un désastre.

Ligne de file et ligne de front. — Il ne paraît pas non plus possible de tirer de la bataille du Yalu la conséquence que la ligne de file soit supérieure comme ordre de combat à la ligne de front. Il est vrai que les escadres japonaises étaient rangées en ligne de file et l'escadre chinoise à peu près en ligne de front et que les premières ont été victorieuses. Mais examinons de près la première phase du combat, la seule pendant laquelle la flotte chinoise ait pu se maintenir dans un ordre approchant de la ligne de front. La flotte japonaise défile en ligne de file devant l'escadre chinoise en se dirigeant un peu au large de son aile droite. La flotte chinoise gouverne sur l'ennemi en ligne de front pour essayer de combattre par l'éperon. Mais elle marche si lentement (5 à 6 nœuds) qu'elle n'atteint que la queue de la ligne ennemie et que le dernier bâtiment le *Hi Yei* est seul obligé de changer de route en présentant l'avant aux Chinois et de traverser leur ligne.

Supposez que les Chinois aient eu une vitesse égale ou à peu près à celle des Japonais, au lieu d'atteindre seulement la queue de la ligne, ils en auraient atteint le centre. Alors, c'est la majorité des navires japonais qui aurait été obligée de faire la même manœuvre que le *Hi Yei*, de présenter l'avant aux Chinois et de traverser leur ligne.

Si les deux flottes avaient été également exercées et bien commandées, il est vraisemblable que les Chinois auraient eu l'avantage après ce premier passage à contre-bord. Car ils auraient pu revenir tous à la fois sur l'ennemi sans avoir eu à changer leur formation ni leur plan de bataille, tandis que les Japonais auraient été obligés au milieu de l'action de changer leur formation primitive et par suite leur plan de bataille.

Après la première phase les navires chinois essayèrent de tourner du côté de l'ennemi chacun pour leur compte, ils ne réussirent qu'à se mettre dans un désordre complet. L'abordage du *Chao Yung* et du *Tsi Yuen* dans ces circonstances n'a rien de surprenant.

Défaut de préparation à la guerre. — Ce désordre devait fatalement se produire puisque l'amiral Ting avait renoncé à conduire sa flotte pendant le combat parce que les signaux prévus ne suffisaient pas pour une armée si nombreuse, que ses capitaines avaient peu d'expérience, que les timoniers manquaient et qu'enfin il n'était pas du tout certain que les signaux seraient compris.

C'est évidemment dans ce défaut absolu de préparation à la guerre qu'il faut chercher la cause principale de la défaite des Chinois.

C'est marcher à un désastre que d'armer précipitamment de nombreux bâtiments, d'en faire un troupeau où tout est confondu, croiseurs et cuirassés, bâtiments rapides et navires sans vitesse, enfin d'avoir un amiral qui renonce à diriger sa flotte dans le combat et qui se borne à donner comme instructions aux malheureux capitaines :

Que dans le combat les 2 navires amatelotés doivent se soutenir ;

Que la principale règle doit être de présenter l'avant à l'ennemi ;

Et qu'en règle générale chaque bâtiment doit suivre les mouvements de l'amiral.

Division de la flotte en escadres homogènes. — Au lieu de laisser ainsi la conduite de leurs navires aux hasards de l'inspiration individuelle qui ne peut qu'engendrer la confusion, les Japonais avaient divisé leurs bâtiments en 2 escadres homogènes et maniables formées de navires ayant à peu près la même vitesse et capables de combattre dans les mêmes conditions, pouvant par suite développer ensemble toutes leurs qualités.

Ils avaient pourtant eu le tort de s'embarrasser de 2 petits bâtiments, l'*Akagi* et le *Sai Kio*, sans puissance et sans vitesse, qui coururent de grands dangers dans l'action ; l'escadre légère fut obligée d'abandonner la position avantageuse qu'elle occupait après avoir contourné l'aile droite des Chinois, pour venir à toute vitesse secourir l'*Akagi*.

Vitesse. — A ces premiers avantages les Japonais joignaient celui d'une vitesse supérieure qui leur a permis de conserver la formation et la distance de combat qu'ils avaient choisies.

Les Chinois avaient aggravé au delà de toute proportion leur infériorité de vitesse en marchant au combat à une allure de 5 ou 6 nœuds quand leur bâtiment le moins rapide, le *Chen Yuen,* aurait pu donner 11 nœuds et demi. On ne s'explique pas la cause de cette détermination.

Quoi qu'il en soit, cette faute doit servir de leçon. Il y a un intérêt si évident à s'assurer la supériorité de vitesse qu'on doit se présenter à l'ennemi avec la plus grande vitesse que tous les bâtiments de l'escadre peuvent soutenir. A moins de circonstances exceptionnelles, il ne faut pas compter augmenter rapidement au besoin la vitesse de la flotte diminuée d'abord avec intention. Car, si certains bâtiments munis de chaudières multitubulaires peuvent se prêter à cette manœuvre, beaucoup d'autres ne le pourraient pas. La vitesse que doit soutenir une escadre doit donc être fixée dès le temps de la paix et les bâtiments exercés à faire des évolutions à cette vitesse.

Supériorité du Commandement. — Enfin, au point de vue du commandement, les Japonais avaient encore une autre supériorité. Leurs commandants et amiraux étaient réellement commandants et amiraux. Ils prenaient seuls leurs décisions, tandis que l'amiral chinois et les commandants des principaux navires étaient pourvus d'un conseiller européen. Quelle cause d'infériorité évidente que cette obligation pour l'amiral ou le commandant de prendre l'avis de son conseiller ! Que d'indécisions et de retards devaient en résulter !

Dans des conditions pareilles, il n'est pas surprenant que les Chinois aient été vaincus. Ils auraient combattu en ligne de file au lieu de combattre en ligne de front que que le résultat eût été le même.

La conclusion qui s'impose n'est donc pas la supériorité de la ligne de file sur la ligne de front ; elle peut très bien être contestée. Ce qui n'est pas contestable c'est la nécessité d'avoir une tactique de combat précise, une flotte exercée à l'appliquer et qui soit bien dans la main de l'amiral.

Artillerie à tir rapide et grosse artillerie. — Les deux flottes portaient des canons de gros calibres et des canons à tir rapide. Le tableau synoptique de la page suivante indique la composition de l'artillerie de chaque bâtiment.

On voit qu'au point de vue des grosses pièces les Chinois avaient l'avantage. Mais ces pièces étaient surtout approvisionnées en projectiles de rupture qui n'éclataient pas en touchant les croiseurs japonais. Après avoir dépensé rapidement leurs obus ordinaires, les Chinois furent réduits à tirer leurs projectiles de rupture dont le peu d'effet les décourageait.

Malgré cela leur grosse artillerie a prouvé sa puissance. Un seul obus de 30 cm éclatant dans la batterie du *Matsushima* a suffi pour mettre 80 hommes hors de combat, allumer un incendie et obliger le croiseur japonais à se retirer temporairement de l'action.

Il est vrai que l'effet de l'obus fut aggravé par l'explosion des cartouches montées à l'avance dans la batterie. On voit que les parcs à munitions installés à côté des pièces ne sont pas sans danger et qu'il convient de ne pas les multiplier sans nécessité.

Malgré l'effet terrible de l'obus de 30ᶜ, qui a frappé le

NAVIRES.	GROSSE ARTILLERIE.	ARTILLERIE MOYENNE.		PETITE ARTILLERIE.	
		Tir rapide.	Ordinaire.	Tir rapide.	Mitrailleuses.

JAPONAIS.

NAVIRES.	GROSSE ARTILLERIE.	Tir rapide.	Ordinaire.	Tir rapide.	Mitrailleuses.
Matsushima.	1 de 32c	12 de 12c	»	5 de 57mil	»
Itsukushima.	1 de 32c	11 de 12c	»	5 de 57mil	»
Hashidate.	1 de 32c	11 de 12c	»	5 de 57mil	»
Chiyoda.	»	14 de 12c	»	14 de 47mil	3
Hi Yei	»	»	6 de 15c 3 de 17c	»	4
Fusoo.	4 de 24c	»	2 de 15c	4 (calib. inconnu)	5
Yoshino.	»	4 de 15c 8 de 12c	»	22 de 47mil	»
Takachicho.	2 de 26c	»	6 de 15c	2 de 47mil	10
Naniwa.	2 de 26c	»	6 de 15c	2 de 47mil	10
Akitsusu	»	4 de 15c 6 de 12c	»	10 de 47mil	»
Akagi.	»	1 de 12c	4 de 15c	»	2
Sai Kio.	»	»	1 de 15c 4 de 12c	»	2
	11 pièces	71 pièces	32 pièces	69 pièces	36

CHINOIS.

NAVIRES.	GROSSE ARTILLERIE.	Tir rapide.	Ordinaire.	Tir rapide.	Mitrailleuses.
Ting Yuen	4 de 30c	»	2 de 15c	2 de 50mil	8
Chen Yuen	4 de 30c	»	2 de 15c	2 de 50mil	8
King Yuen	2 de 20c	»	2 de 15c	2 de 50mil 3 de 47mil	8
Lay Yuen.	2 de 20c	»	2 de 15c	2 de 50mil 3 de 47mil	8
Tsi Yuen.	2 de 20c	»	1 de 15c	2 de 50mil	9
Chih Yuen	3 de 20c	»	2 de 15c	7 de 57mil 2 de 50mil 2 de 47mil 3 de 37mil	6
Ching Yuen.	3 de 20c	»	2 de 15c	7 de 57mil 2 de 50mil 2 de 47mil 8 de 37mil	6
Chao Yung	2 de 24c	»	4 de 12c	2 de 50mil	7
Yang Wei.	2 de 24c	»	4 de 12c	2 de 50mil	7
Kuang Chia.	»	1 de 12c	1 de 12c	2 de 50mil	8
	24 pièces	1 pièce	22 pièces	60 pièces	75

Matsushima, les résultats obtenus par l'artillerie l'ont été surtout par l'artillerie à tir rapide.

En ce qui concerne la petite artillerie, aucune des deux flottes ne possédait un avantage bien marqué. Mais au point de vue de l'artillerie moyenne, les Japonais avaient une supériorité écrasante : 103 pièces dont 71 à tir rapide contre 23 dont une seule à tir rapide. Aussi, les Chinois ont-ils été rapidement écrasés par la grêle de projectiles qui ont criblé les superstructures de leurs bâtiments. Parmi les causes matérielles de la victoire des Japonais, c'est certainement l'artillerie à tir rapide qui a eu la part principale.

On peut par suite se demander s'il ne conviendrait pas de renoncer à installer sur les croiseurs quelques pièces de gros calibre et de les armer exclusivement de pièces à tir rapide. Si les croiseurs ne devaient jamais avoir à combattre que des croiseurs simplement protégés, il vaudrait mieux en effet renoncer aux pièces de gros calibre. Les pièces à tir rapide qui les remplaceraient permettraient certainement de lancer dans le même temps un poids de projectiles plus considérable et avec plus de chances de toucher le but.

Mais, en fait, un croiseur peut avoir à lutter contre un croiseur cuirassé ou contre un croiseur protégé portant quelques pièces de gros calibre dans des tourelles cuirassées. Il faut par suite qu'il ait aussi quelques pièces assez puissantes pour pouvoir attaquer ces tourelles. Ce qui serait très désirable, ce serait d'augmenter la rapidité du tir de ces canons de gros calibre.

Concentration du feu. — Pour tirer le meilleur parti du feu de l'artillerie, il semble qu'il y ait avantage à concentrer le feu de toute la flotte sur certains des bâtiments ennemis au lieu de le répartir indistinctement sur tous, chaque navire tirant sur l'adversaire qui se trouve le plus rapproché de lui.

Du temps de la marine à voiles, c'était une tactique

souvent employée que d'attaquer avec toutes ses forces l'une des ailes de l'ennemi et de tâcher de l'écraser avant que les autres bâtiments pussent venir à son secours. Avec des navires à vapeur l'aile attaquée pourra sans doute être rapidement secourue. Mais néanmoins, la flotte qui au début de l'action parviendra à concentrer son feu sur une des ailes de l'ennemi aura des chances de lui faire assez de mal pour que la puissance des bâtiments ainsi maltraités soit sérieusement diminuée.

La flotte japonaise a exécuté une manœuvre de ce genre en tournant autour de l'aile droite chinoise sur laquelle son feu s'est évidemment concentré pendant cette opération. Et de fait, d'après le rapport de l'amiral Ito, le premier bâtiment incendié fut le *Yang Wei* qui formait l'extrême droite de la ligne chinoise.

Ensuite, les incendies éclatèrent un peu de tous côtés dans la flotte de l'amiral Ting. Mais cependant sur 5 bâtiments chinois incendiés, 3 appartenaient à l'aile droite, 1 au centre formé des deux cuirassés *Chen Yuen* et *Ting Yuen* et 1 seul à l'aile gauche.

Il est donc permis de conclure que la manœuvre qui consiste à attaquer avec toutes ses forces une des ailes de l'ennemi conserve encore une certaine efficacité et ne mérite pas d'être abandonnée.

Il va sans dire que cette tactique, comme en général toutes les autres, aura beaucoup plus de chances de réussir si l'on possède la supériorité de la vitesse.

Mâts militaires. — Les informations chinoises disent que plusieurs mâts militaires furent renversés, mais ne précisent qu'un cas, celui de la hune de l'arrière du *Ting Yuen* qui fut complètement détruite.

Si l'on tient compte du nombre élevé (24) de mâts militaires portés par les bâtiments engagés, on verra que la chute de ces mâts n'est pas encore très fréquente ; et il ne semble pas qu'il y ait lieu de renoncer aux feux plongeants qu'ils procurent. Il faut seulement tenir compte de la possibilité de leur chute. Par suite, il ne convient pas d'accumuler un trop grand nombre de petits canons sur un seul mât. Il est préférable de les répartir entre 2 mâts. Ces 2 mâts devront être pourvus des appareils nécessaires pour faire des signaux, pour éviter que la chute d'un seul mât ne prive le bâtiment de la faculté de communiquer avec son escadre.

La possibilité de la chute des mâts militaires étant admise, il ne faudra pas trop les rapprocher des tourelles pour qu'ils ne risquent pas de les paralyser, si cette éventualité se produit. Pour la même raison, on devra les éloigner des hélices pour que leurs agrès ne puissent pas s'engager dans les propulseurs.

Conclusions. — Les enseignements qu'on peut tirer de la guerre sino-japonaise confirment plutôt un certain nombre d'idées déjà émises, mais encore contestées, qu'ils ne font naître des idées nouvelles.

L'importance qu'on doit attacher à la supériorité de la vitesse avait déjà été affirmée bien des fois ; mais cette importance, admise universellement au point de vue stratégique, était encore contestée au point de vue tactique par certaines personnalités compétentes.

La bataille du Yalu démontre bien, que même sur le champ de bataille, la supériorité de vitesse apporte d'autres avantages que celui de pouvoir prendre la fuite, comme le disaient plaisamment les partisans des bâtiments à vitesse modérée. Grâce à leur supériorité de vitesse, les Japonais ont pu choisir leur distance de combat, maintenir la formation qu'ils avaient adoptée et concentrer pendant un certain temps leurs feux sur l'aile droite chinoise. Ce sont des avantages dont on aurait grand tort de se priver en adoptant pour le combat une vitesse réduite.

Le rôle effacé joué par l'éperon et par la torpille avait déjà été prédit ; on avait aussi signalé le danger des tubes de lancement non protégés. Tout cela a été parfaitement confirmé par les événements de la guerre sino-japonaise.

Il en est de même du rôle décisif de l'artillerie et de la fréquence des incendies. Sur ce dernier point la bataille du Yalu a montré que la flotte qui conserverait au moment du combat, dans les parties non protégées, du bois, des étoffes, des matières inflammables quelconques, risquerait beaucoup de voir ses efforts paralysés par l'incendie. Il faut donc proscrire toutes ces matières avec plus de rigueur qu'on ne l'a fait jusqu'ici.

L'exemple du désordre où tomba très rapidement la flotte chinoise montre l'importance capitale du rôle du commandant en chef qui doit conserver la direction de ses bâtiments à travers toutes les péripéties du combat. Il est indispensable que ce chef ait son plan de bataille, une tactique bien précise et une flotte bien exercée à cette tactique. Abandonner, comme l'a fait l'amiral chinois, les commandants des navires à leurs inspirations individuelles, c'est préparer à coup sûr la confusion et la défaite.

RELATION DE LA BATAILLE DU YALU

Par M. W. LAIRD CLOWES

(NAVAL ANNUAL DE 1895)

La bataille de Hai Yun Tau

Je donne ci-dessous la substance du rapport officiel de l'amiral Ito. Le capitaine Yendo a eu l'amabilité de me le fournir et de m'en faire la traduction. Ce document est daté du 21 septembre, 27ᵉ année du Meiji.

Dépêche de l'amiral Ito. — Le 16 septembre, la flotte, sous mon commandement, quitta le rendez-vous ; l'escadre légère était composée du *Yoshino*, de la *Naniwa*, du *Takachicho* et de l'*Akitsusu*, et l'escadre principale comprenait le *Matsushima*, l'*Hashidate*, l'*Itsukushima*, le *Fusoo*, le *Chiyoda* et le *Hi Yei* ; elles se dirigèrent sur Hai Yun Tau, accompagnées du *Sai Kio* et de l'*Akagi*. Le 17, à 6 heures 30′ du matin, étant arrivé au mouillage de cette île, j'examinai l'intérieur du port et ne découvrant pas de traces de l'ennemi, je continuai sur l'île de Talu au large de Takushan.

A 11 heures 30′ du matin, j'observai une fumée par

tribord à l'E.-N.-E. Elle paraissait provenir de plusieurs vapeurs.

Cinq minutes après midi, je hissai le grand pavois à mon grand mât et, ayant ordonné à mes bâtiments de se préparer au combat, je signalai au *Sai Kio* et à l'*Akagi*, dans le but de ne pas les exposer, de prendre leurs postes sur bâbord de l'escadre principale. A ce moment, 2 navires ennemis furent observés par le bossoir de bâbord.

L'escadre légère dirigée d'abord sur le centre de la ligne ennemie vint alors graduellement sur bâbord et se dirigea sur l'aile droite de l'ennemi. L'escadre principale suivit le mouvement.

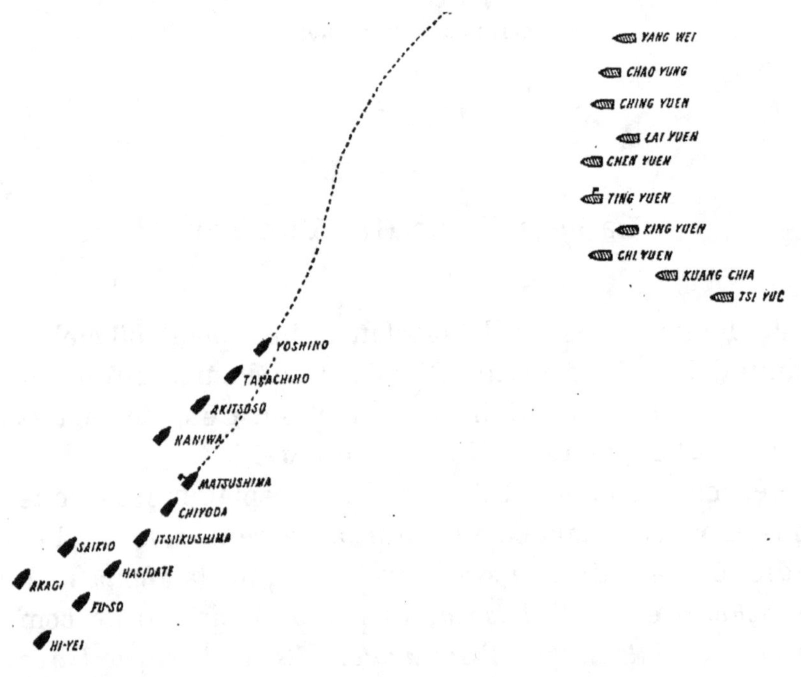

PLAN A.

La flotte ennemie parut formée sur une simple ligne de front, mais il est possible qu'elle fût disposée en échelon ou irrégulièrement. Au centre étaient les navires du même type *Ting Yuen* et *Chen Yuen* ayant auprès d'eux de chaque côté le *Lay Yuen* et le *King Yuen* et d'autres bâtiments inférieurs sur les flancs : il y avait en tout 10 bâtiments ennemis.

A midi 50′, l'ennemi ouvrit le feu sur mon escadre légère à 5,000 ou 6,000 yards. L'escadre légère continua sa course sans répondre jusqu'à environ 3,000 yards, et alors elle répondit par un feu bien nourri et venant sur tribord contourna l'aile droite de l'ennemi. A ce moment, les principaux bâtiments de l'ennemi, ceux des deux ailes, commençant à prendre différentes directions, gouvernèrent sur mon escadre principale, avec l'intention de combattre par l'éperon tout en continuant un feu efficace.

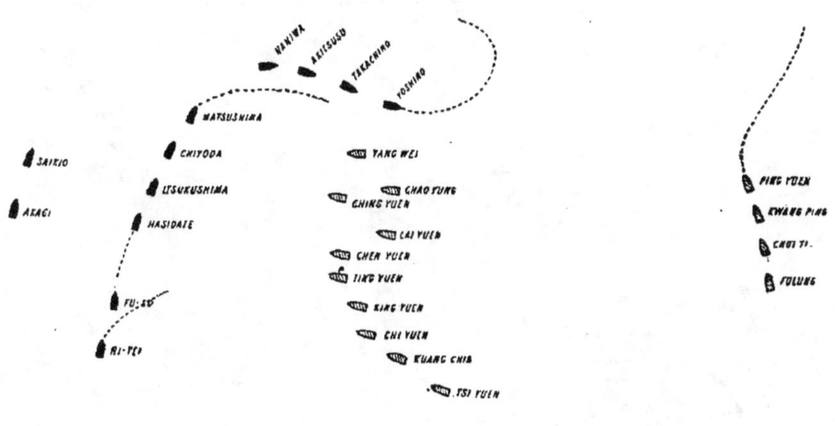

PLAN B.

Mon escadre principale maintint néanmoins sa ligne de file et ouvrit sur l'ennemi un feu violent. Comme mes bâtiments d'arrière-garde, le *Fusoo* et le *Hi Yei*, se rapprochaient graduellement des vaisseaux chinois qui avançaient, le commandant du *Hi Yei* estimant qu'en continuant sa route il serait éperonné, fit bravement tête à l'ennemi et traversa sa ligne entre le *Chen Yuen* et le *King Yuen*[1]. Échangeant des projectiles avec ces bâtiments

___

1. D'après les rapports chinois, il est certain que ce bâtiment était le **Ting Yuen**.

et d'autres encore, il rejoignit mon escadre principale qui, pendant ce temps, avait contourné l'aile droite et attaquait l'ennemi par derrière.

La flotte chinoise était déjà dans une telle confusion qu'on ne pouvait plus dire si sa formation existait encore. Ce fut alors que j'observai de nouveaux navires ennemis avec des torpilleurs venant de la direction de l'île de Talu comme pour joindre l'escadre principale.

Après avoir tourné autour de l'aile droite ennemie, mon escadre légère, observant que le *Hi Yei* et l'*Akagi* paraissaient dans un grand danger, vira de bord et gouvernant pour passer entre l'ennemi et l'*Akagi* se porta à sa vitesse maximum au secours des bâtiments en péril.

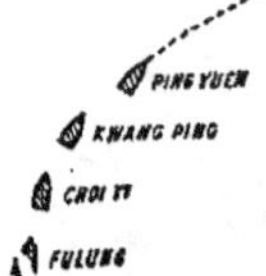

PLAN C.

Elle attaqua le côté de bâbord de l'ennemi pendant que mon escadre principale attaquait le côté de tribord. Le *Yang Wei* prit feu et coupant ma route à angle droit, il

passa devant moi, s'en alla dans la direction de l'île de
Talu et s'échoua accidentellement. Le feu éclata aussi
sur le *Ting Yuen*, sur le *Chao Yung* et le *Kuang Chia*; ils
commencèrent à se retirer du combat, et aussitôt on
observa que le *Lay Yuen* était incendié.

Ensuite, mon escadre légère et mon escadre principale
attaquèrent ensemble des deux côtés le *Ting Yuen* et le
Chen Yuen. L'avant du premier fut bientôt en flammes.
Mon escadre légère poursuivit alors les bâtiments qui
avaient pris la fuite et coula le *King Yuen*, l'escadre principale continuant à combattre le *Ting Yuen* et le *Chen
Yuen*.

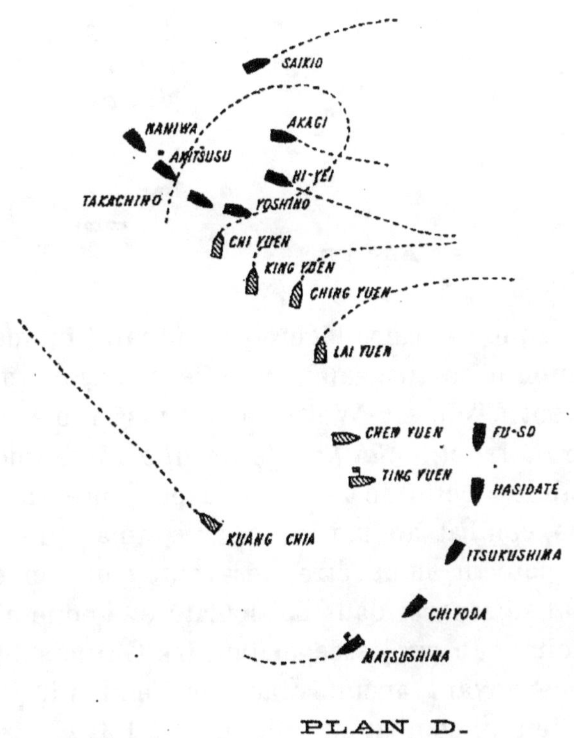

PLAN D.

A 3 heures 36', le *Matsushima* étant par le travers du
Ting Yuen fut frappé par un obus de 30 cm de ce dernier.
Le projectile éclata dans la batterie avant produisant
beaucoup de mal et mettant le feu à bord.

*

A 3 heures 30′, on vit couler le *Chih Yuen*. Vers 5 heures 30′, voyant que le *Ting Yuen* et le *Chen Yuen* avaient été rejoints par d'autres navires, que mon escadre légère était séparée par une grande distance de mon escadre principale et considérant que le coucher du soleil approchait, je cessai le

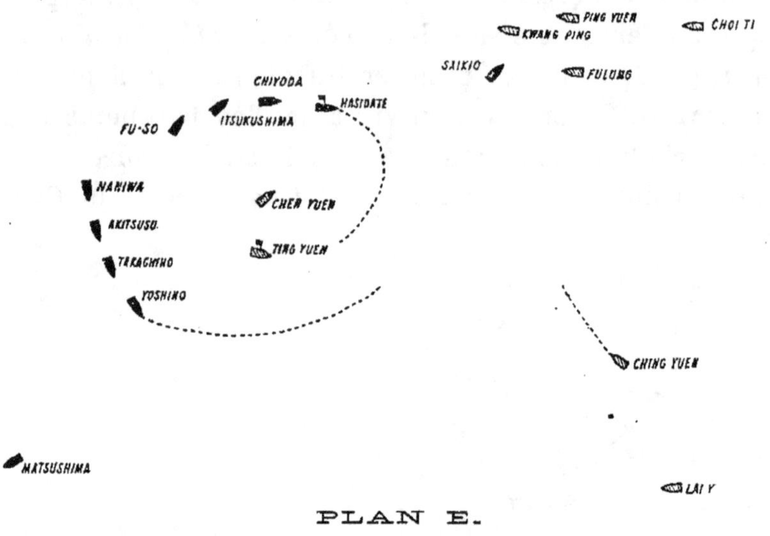

PLAN E.

combat et rappelai mon escadre légère par signal. Comme les bâtiments ennemis se dirigeaient vers le sud, je supposai qu'ils allaient à Wei-ha-Wei et ayant rassemblé la flotte, excepté le *Hi Yei* et le *Sai Kio*, je fis une route que je supposai parallèle à celle de l'ennemi avec l'intention de renouveler le combat au matin, car j'estimai qu'un combat de nuit pouvait nous être désavantageux, mes bâtiments pouvant se séparer dans l'obscurité et l'ennemi ayant des torpilleurs. Je perdis cependant les Chinois de vue et, au jour, ne voyant aucune trace de l'ennemi, je retournai sur le lieu du combat en ordonnant à l'*Akagi* de se rendre au port de rendez-vous. Découvrant le *Yang Wei* sur un récif, j'envoyai le *Chiyoda* pour le détruire au moyen d'une torpille portée par un canot et, au matin du 19, la flotte se trouva au rendez-vous. Le résultat de ce combat fut que l'ennemi perdit le *King Yuen,* le *Chih*

Yuen, le *Yang Wei* et le *Chao Yung* ; le *Lay Yuen*, le *Ting Yuen* et le *Ping Yuen* eurent de sérieux incendies à bord et sans aucun doute furent ainsi que les autres bâtiments gravement endommagés. Les pertes et les avaries sont exposées dans les rapports de chaque capitaine. C'est le *Matsushima* qui a le plus souffert.

Durant le combat, le *Sai Kio*, le *Hi Yei* et l'*Akagi* coururent un grand danger, séparés de mon escadre principale et attaqués par plusieurs bâtiments. A un certain moment, le *Sai Kio* fut engagé à la fois avec 2 bâtiments et 2 torpilleurs. Une torpille fut déchargée sur lui à la courte distance de 50 yards et le bâtiment échappa de bien près à la destruction, car l'engin passa sous sa quille. Il reçut plusieurs projectiles dans sa coque ; sa cheminée et son tuyau de vapeur furent endommagés. L'*Akagi* fut poursuivi par des vaisseaux ennemis, mais bien que le commandant eût été tué, que le plus ancien officier, le lieutenant Sasaki, ainsi que l'officier, chargé de la navigation, le lieutenant Sato, qui prirent le commandement après la mort du commandant Sakamoto, eussent été blessés, le bâtiment se dégagea avec honneur et après avoir été environ trois heures hors du combat, il rejoignit la flotte. Le *Hi Yei* eut un engagement très chaud en traversant la ligne ennemie. Deux torpilles lui furent lancées, mais heureusement le manquèrent. Il fut atteint cependant par plusieurs obus et à la fin prit feu et fut obligé de se retirer du combat.

Récits allemands et comptes rendus chinois. — Ce rapport omet naturellement bien des choses que nous aimerions à connaître. Plusieurs détails importants et intéressants ont été donnés, évidemment en grande partie sur le témoignage de Herr von Hanneken, par le *Marine-Rundschau* qui est édité par le bureau de renseignements de l'amirauté allemande.

Instructions pour le combat données par l'amiral Ting. — Le compte rendu continue en disant que le commandant en chef chinois avait acquis la conviction que la variété des types des navires composant sa flotte les empêcherait d'agir ensemble dans un combat, d'autant plus que le livre des signaux dont il disposait était insuffisant pour une armée si nombreuse, que les capitaines avaient peu d'expérience, que le service des signaux manquait de personnel et qu'enfin il n'était pas du tout certain qu'un signal quelconque serait compris. Il décida donc qu'il s'efforcerait de conduire sa flotte seulement pendant la croisière et que pendant le combat chaque bâtiment manœuvrerait d'une manière indépendante, chaque capitaine s'efforçant d'utiliser son bâtiment de la manière qui lui semblerait la plus avantageuse. En conséquence, il donna aux capitaines les instructions générales suivantes qui devaient être si funestes.

1° Dans l'action, les bâtiments amatelotés ou subdivisions de 2 navires devront autant que possible rester ensemble et s'appuyer dans l'attaque et la défense.

2° La principale règle devra être de présenter l'avant à l'ennemi.

3° Tous les navires devront, en règle générale, suivre les mouvements de l'amiral.

La première formation qui devait être prise pour approcher de l'ennemi était celle qui est recommandée par le capitaine W. M. Lang de la marine royale, c'est-à-dire : les colonnes de division en ligne de front, les bâtiments de la 2ᵉ division se tenant en arrière de l'intervalle de ceux de la 1ʳᵉ division.

Les navires avaient profité, pour se préparer au combat, de l'expérience du *Tsi Yuen* dans son combat avec le *Yoshino*. Autant que possible, les toitures des kiosques de navigation avaient été enlevées, non seulement dans le but de réduire les dimensions de la cible, mais aussi pour ouvrir un passage aux gaz et aux fragments des projectiles qui pourraient éclater à l'intérieur. Toutes les embarcations, sauf une ou deux au plus par navire, avaient été laissées à Port-Arthur dans le but de diminuer le nombre des éclats. Les pièces à tir rapide isolées furent protégées par des sacs à sable, les kiosques de navigation par des mantelets et les autres endroits exposés par des sacs de charbon. Sur le *Chen Yuen*, les entreponts furent couverts d'eau sur une hauteur d'environ 1 cm pour les préserver de l'incendie.

Les officiers européens présents dans la flotte étaient : sur le *Ting Yuen*, Herr von Hanneken, conseiller de l'amiral Ting ; M. Tyler, second ; M. Nichols, officier canonnier et Herr Albrecht, chef mécanicien. Sur le *Chen Yuen*, M. Mac Giffen, second, et Herr Heckmann, officier canonnier ; sur le *Chih Yuen*, M. Alexander Purvis, mécanicien ; et sur le *Tsi Yuen*, Herr Hoffmann, mécanicien.

D'après les récits des officiers européens qui survécurent, l'amiral Ting fut informé vers 10 heures du matin qu'une fumée suspecte apparaissait dans le sud. Il leva l'ancre de suite et se dirigea vers le sud dans l'ordre déjà formé (colonne de division, en ligne de front, les bâtiments de la 2e division derrière les intervalles de la 1re division). La vitesse était de 5 à 6 nœuds.

Pour certaines raisons, les bâtiments des ailes aux deux extrémités de la ligne restèrent en arrière dès le début et c'est ainsi que la flotte apparut aux Japonais formant une espèce de V. Pendant qu'on se rapprochait, les hommes ne dînèrent pas. Sur la flotte japonaise, au contraire, on siffla pour le dîner aussitôt après que l'amiral Ito eut été informé qu'on voyait la fumée des bâtiments chinois. On dit qu'il avait signalé : *Dîner*, car nous ne pouvons pas bien combattre avec l'estomac vide.

Le *Ting Yuen* ouvrit le feu à midi 20' à la distance de 6,000 yards environ. La secousse renversa tous ceux qui étaient là et l'amiral Ting fut si meurtri par cette chute, qu'il dut être porté en bas, et remettre pour quelque temps le commandement au commodore Lin Poo Chin, commandant du bâtiment. Un peu avant que l'escadre légère japonaise commençât à tourner autour de l'aile droite des Chinois, les navires chinois vinrent ensemble d'environ 2 points sur tribord, augmentant par suite leur désordre. Au moment où la division légère japonaise allait tourner sur tribord, la ligne japonaise entière ouvrit le feu à environ 3,300 yards et fit beaucoup de mal à l'aile droite chinoise. L'un des premiers obus détruisit l'appareil pour faire des signaux du *Ting Yuen* et balaya les timoniers qui n'avaient aucune protection. A partir de ce moment la flotte ne fut plus dirigée. Le simple exemple du vaisseau amiral, quoiqu'il fût excellent, n'eut aucune influence sur les autres bâtiments. Pendant ce temps, les ailes chinoises étaient encore restées en arrière. Le *Chao Yung*, s'efforçant d'atteindre l'île de Talu où il espérait s'échouer, fut éperonné par le *Tsi Yuen* qui cherchait à s'esquiver; il coula en eau peu profonde. Son équipage se réfugia dans le gréement et à la fin il fut recueilli par les torpilleurs. On ne sait pas pourquoi le *Tsi Yuen* prit la fuite précipitamment. Le capitaine paya sa conduite de sa tête. Le bâtiment n'avait pas souffert d'une manière appréciable du feu des Japonais. Le recul de son canon arrière avait endommagé l'appareil de pointage en direction et quelques hommes avaient été tués par l'explosion d'un obus. Autrement, le navire était intact. Le *Kuang Chia* aussi quitta son poste à l'aile gauche et s'en fut dans la direction de Wei-ha-Wei, mais il manœuvra dans le cours de la nuit suivante de façon à s'échouer à Talien, près de Port-Arthur. Il n'avait ni voie d'eau, ni dégâts sérieux et de vains efforts furent faits pour le remettre à flot. Le 23 septembre, il fut découvert par le *Naniwa* et l'*Akitsusu* qui le détruisirent après que son équipage l'eut abandonné. Suivant une autre version, son équipage l'avait déjà fait sauter en partie.

La flotte chinoise ainsi réduite à 6 navires, tourna comme elle put du côté des escadres japonaises, mais les vaisseaux n'étaient plus dans aucun ordre et se masquaient réciproquement leurs feux. Vers le moment où la division légère japonaise, après avoir enveloppé l'aile droite chinoise, aperçut les vaisseaux venant de Takushan, le contre-amiral Tsuboi vint en grand sur bâbord, sans attendre les ordres de son commandant en chef, dans le but de secourir l'*Akagi* et le *Hi Yei*; mais la flotte chinoise voisine du rivage ne voulut pas engager le combat et ne fit aucune tentative pour suivre l'escadre légère japonaise. A ce moment, le *King Yuen*, le *Chih Yuen* et aussi le *Lay Yuen* et le *Ching Yuen* poursuivaient les deux bâtiments japonais endommagés quand l'escadre légère japonaise revint et s'interposa. Ce mouvement toutefois n'empêcha pas le *Lay Yuen* et le *Ching Yuen* de continuer la poursuite encore quelque temps ; car l'escadre légère avait continué son mouvement et achevait son second cercle. Le *Lay Yuen* ne fut à un moment qu'à une encablure et demie derrière l'*Akagi* et il l'aurait pris, si un obus heureux du petit bâtiment n'avait mis le feu au navire chinois. Les flammes prirent rapidement de telles proportions que les hommes furent chassés de la machine par la fumée et qu'à partir de ce moment un seul canon put être manœuvré. Pendant ce temps, le *Chih Yuen* avait tourné vers le *Yoshimo* avec l'intention de l'éperonner, mais il fut frappé si malheureusement près de la flottaison par plusieurs obus qu'il coula en chavirant sur tribord. On dit que l'éclatement simultané de ces projectiles ressembla à l'explosion d'une torpille. Le *King Yuen,* déjà incendié par l'escadre légère japonaise, coula un peu après par l'arrière, périssant comme son matelot par l'effet des obus.

Quand l'escadre légère japonaise eut terminé son second cercle sur bâbord, elle se dirigea sur l'escadre principale chinoise réduite à ce moment aux deux cuirassés *Ting Yuen* et *Chen Yuen* et se mit à tourner autour d'elle sur bâbord pendant que l'escadre principale en faisait autant sur tribord. Les Japonais continuèrent à décrire leurs cercles en faisant un feu très vif et convergent, en conservant une distance de 2,200 à 3,300 yards. Les Chinois déclarent que les deux cuirassés essayèrent plusieurs fois d'engager un combat plus rapproché ; mais ces efforts, s'ils furent faits, ne furent faits qu'à demi, car le *Fusoo* put maintenir son poste exactement dans la ligne japonaise et sa vitesse n'était pas plus grande que celle du plus lent des 2 matelots. En plusieurs occasions, le *Chen Yuen* fit évidemment tout ce qui était en son pouvoir pour couvrir le bâtiment amiral et l'appuya toujours très bravement. Les Chinois avaient depuis longtemps dépensé tous leurs obus ordinaires et ils étaient découragés en voyant le peu d'effet de leurs projectiles de rupture ; cependant ils continuaient à combattre bravement. Quoique l'avant du *Ting Yuen* fût en feu et que les superstructures des 2 bâtiments fussent complètement criblées, ni l'un ni l'autre ne songea à la fuite. Vers 3 heures 30′, il y eut une pause, le *Matsushima* ayant été si gravement endommagé que l'amiral Ito transporta son pavillon sur l'*Hashidate*. Le *Matsushima* se rendit alors à Kure. Mais bientôt les Japonais se remirent à décrire leurs cercles jusqu'au moment où les munitions commencèrent à leur manquer. Le rapport chinois sur les circonstances de la fin de la journée contredit absolument celui de l'amiral Ito ; car il déclare que les Japonais se dirigèrent vers le sud et furent poursuivis pendant une heure par les cuirassés. Mais je suis obligé de dire qu'une longue expérience m'a appris que lorsque les comptes rendus chinois et japonais se contredisent ainsi, le plus sûr est, en général, d'accepter la version des derniers sans hésitation.

Le *Sai Kio*, en dépit de l'ordre qu'il avait reçu de ne pas prendre part au combat, combattit à partir de 1 heure 9′ du soir et en même temps vit très bien la bataille à en juger par le rapport détaillé de son commandant. Un obus de 30 cm détruisit son appareil à gouverner, mais il essaya de gouverner avec ses hélices ; à la vérité, avec si peu de succès d'abord qu'il arriva à une encablure des 2 cuirassés chinois ; ceux-ci crurent qu'il voulait les éperonner et lui firent place. Quand, à la fin, des palans eurent été installés, il ne put gouverner qu'à très petite vitesse et en conséquence il se dirigea sur l'île de Talu où il trouva le *Yang Wei* échoué. Ce dernier n'ouvrit pas le feu sur lui et ce fut fort heureux, car il faisait déjà de l'eau. Mais aussitôt il rencontra le *Ping Yuen*, le *Kwang Ping*, le *Fulung* et le *Choi Ti* qui s'étaient tenus éloignés de l'escadre légère et qui commencèrent avec lui un vif engagement. Le *Fulung* déchargea successivement trois torpilles. La première ne se mit pas en marche ; la deuxième fut évitée et la troisième, dont parle l'amiral Ito, passa sous sa quille. On dit que ce bâtiment ne reçut pas un seul projectile quoique des vingtaines de coups eussent été tirés sur lui à une distance ridiculement petite. Le *Sai Kio*, à la fin, se réfugia dans la baie de Ping Yang. Durant tout ce temps, le vice-amiral vicomte Kabayama resta sur le pont.

Après que le combat eut cessé, l'amiral Ting rallia ce qui lui restait de navires et envoya un torpilleur à Takushan ordonner aux transports de le suivre à Port-Arthur. C'est là qu'il se rendit lui-même et il y trouva le *Tsi Yuen* déjà à l'ancre. Les pertes des Chinois, si on ne tient pas compte de celles des bâtiments coulés, sont estimées seulement à 36 morts et 88 blessés ; mais environ six ou sept cents hommes périrent noyés.

La torpille, l'éperon, le canon. — Les Japonais n'employèrent aucune torpille automobile pendant le combat ; ils se servirent seulement après d'une torpille portée pour détruire le *Yang Wei*. Ils ne firent non plus aucune tentative pour se servir de l'éperon. Ils se fièrent exclusivement au feu de l'artillerie.

Du côté des Chinois aussi, le canon joua le principal rôle. La distance était estimée par des angles relevés des hunes.

**Plusieurs mâts militaires furent renversés par les projectiles. Le *King Yuen* et le *Chih Yuen* firent des tentatives infructueuses pour se servir de l'éperon. Le *Tsi-Yuen* s'en servit involontairement avec un résultat funeste. L'inefficacité des torpilles lancées par les Chinois a été signalée. Le *Choi Ti* manqua deux fois de les tirer par suite d'avaries à leur mécanisme. Tous les bâtiments allèrent au combat avec une torpille dans chaque tube et une seconde torpille sans son mécanisme percutant préparée sur son chariot de chargement. Mais quand les projectiles commencèrent à entrer dans les postes de lancement des torpilles situés au-dessus de l'eau, les équipages prirent les cônes des torpilles de réserve et les descendirent en bas; sur quelques bâtiments les mécanismes percutants furent de plus jetés par-dessus le bord. Sur le *Chen Yuen*, un peu plus tard, plusieurs torpilles furent tirées précipitamment après avoir été réglées pour couler immédiatement, car leur présence paraissait constituer un danger pour le navire. Aussitôt après, le tube lance-torpilles arrière fut frappé par un obus japonais. Sur le *Ching Yuen*, pour la même raison, les torpilles furent déchargées précipitamment mais sans être réglées pour couler, et deux d'entre elles furent recueillies après l'action. On ignore s'il en fut de même sur le *Chih Yuen* et le *King Yuen*, et par suite on ne peut affirmer si la soudaine catastrophe du *Chih Yuen* fut, comme l'idée en a été émise, causée par l'explosion d'une torpille dans un de ses tubes du travers, mais il est probable qu'il en fut ainsi. On doit ajouter que les bâtiments japonais engagés étaient peints en blanc et les chinois en noir.

Les avaries des bâtiments japonais. — Les principales avaries subies par les bâtiments japonais, en dehors de celles qui ont été mentionnées incidemment plus haut, sont les suivantes: le *Matsushima*, en outre de l'obus de 30^{cm} qui fit tant de mal, reçut un autre projectile qui traversa le navire sans éclater. Le *Hi Yei* reçut aussi un obus de 30^{cm} qui éclata sur son pont inférieur en détruisant le mât de misaine et en allumant un incendie. Un autre obus de gros calibre éclata sur le pont supérieur, tuant plusieurs hommes à leurs pièces. Le *Naniwa* reçut un obus à la flottaison qui semble avoir fait explosion dans une soute à charbon, sans cependant faire beaucoup de mal. Un obus de gros calibre traversa la muraille du *Chiyoda*, au-dessus de la ligne de flottaison. L'*Itsukushima* reçut un obus dans son poste de torpilles, un autre au milieu de son mât et un troisième dans la chambre de sa machine. Sur l'*Hashidate* un obus de 15^{cm} éclata contre la tourelle barbette. Le *Sai Kio* fut atteint par onze projectiles de 12^{cm} et au-dessus, dont plusieurs de gros calibre.

Naturellement tous ces bâtiments furent, de plus, frappés en beaucoup de points par de petits projectiles.

Les avaries des bâtiments chinois. — Quant aux avaries des bâtiments chinois, le chambellan naval japonais, commandant Saiko, rapporta que le *Chiyoda* observa sur le *Yang Wei* les marques de 15 obus de 12^{cm} et au-dessus. Une manche à air enlevée du bord par le *Chiyoda*, était criblée de trous faits par des projectiles ou des éclats. On dit que la hune du mât arrière du *Ting Yuen* portant le pavillon de l'amiral fut renversée par un projectile et qu'au milieu de l'action le bâtiment ne pouvait se servir que de son canon arrière de 15^{cm}. Herr Hoffmann, mécanicien du *Tsi Yuen*, publia dans la *China Gazette* que son bâtiment avait un des canons Krupp de 20^{cm} désemparé et deux autres canons mis momentanément hors de service, enfin que sa collision avec le *Chao Yung* lui avait occasionné une voie d'eau grave. Le *Chen Yuen* tira 148 obus de 15^{cm} et épuisa toutes ses munitions de petit calibre ; il atteignit Port-Arthur avec seulement une vingtaine de coups d'obus de gros calibre. L'appareil hydraulique de l'un de ses canons et ses superstructures furent mis en pièces ; mais par ailleurs le bâtiment avait peu souffert.

Le *Lay Yuen*, au contraire, était si endommagé par le

feu que son retour au port fut regardé comme miraculeux et cependant ses machines étaient intactes, et, sauf en ce qui concerne les effets de l'incendie, sa coque l'était presque. Le *Ting Yuen* eut une de ses hunes militaires frappée par un obus de gros calibre qui avait ricoché ; elle fut détruite avec tous les hommes qu'elle contenait. Il eut aussi un tuyau de vapeur courbé, mais non crevé par un projectile.

Sur ce bâtiment, le navire le mieux tenu de la flotte chinoise, le corps décomposé d'un homme qui avait été tué dans la bataille fut découvert presque quinze jours après, et pendant plus d'une semaine le bâtiment fut laissé tel qu'il était en sortant du combat. Un incendie qui fut occasionné par un obus sur l'avant, près de l'hôpital, démoralisa entièrement l'équipage et aurait détruit le bâtiment amiral sans la bravoure personnelle de Herr Albrecht.

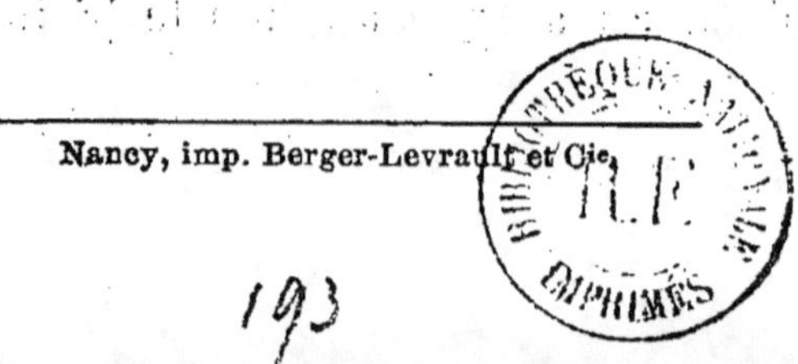

Nancy, imp. Berger-Levrault et Cie.